24 Advents-überraschungen

mit Gedichten, Rezepten und Weihnachtsbräuchen aus aller Welt

GROH

1

Endlich ist es so weit

Das erste Türchen des Adventskalenders öffnet sich und es sind nur noch 24 Tage bis Heiligabend. Weißt du noch, wie aufregend die Weihnachtszeit früher war? Der Advent ist eine schöne Gelegenheit, wieder ein wenig Kind zu sein: Lass dich verzaubern von weihnachtlichen Düften und dem warmen Licht der Kerzen. Genieße den Klang vertrauter Lieder und entdecke erneut die Freude, die die Vorweihnachtszeit mit sich bringt.

1

Bald kommt die liebe Weihnachtszeit,
worauf die ganze Welt sich freut;
das Land, so weit man sehen kann,
sein Winterkleid hat angetan.

Robert Reinick

2

Noch ist Herbst nicht ganz entflohn,
aber als Knecht Rupprecht schon
kommt der Winter hergeschritten,
und alsbald aus Schnees Mitten
klingt des Schlittenglöckleins Ton.

Und was jüngst noch, fern und nah,
bunt auf uns herniedersah,
weiß sind Türme, Dächer, Zweige,
und das Jahr geht auf die Neige,
und das schönste Fest ist da.

Tag du der Geburt des Herrn,
heute bist du uns noch fern,
aber Tannen, Engel, Fahnen
lassen uns den Tag schon ahnen,
und wir sehen schon den Stern.

Theodor Fontane

2
Die schönste Art des Wartens
ist die Vorfreude.
Thomas Romanus

Weihnachtspost

In der Advents- und Weihnachtszeit besinnen sich viele Menschen auf die wichtigen Dinge des Lebens, wie Familie und Freunde. Auch wenn wir in dieser Zeit nicht allen unseren Lieben nahe sein können, ist meist schon eine kleine Geste ausreichend, um ihnen zu zeigen, dass wir in Gedanken bei ihnen sind. Die alte Tradition der Weihnachtspost verbindet auf wunderbare Weise die Menschen. Dabei bedarf es nicht vieler Worte: schon ein kurzer Gruß genügt, um anderen das gute Gefühl zu geben, dass wir an sie denken.

Wenn man einander schreibt,
ist man wie durch ein Seil verbunden.

Franz Kafka

4

Barbarazweige

Blühende Zweige mitten im Winter – warst du früher auch erstaunt über die Barbarazweige, die deine Mutter oder Großmutter in der Adventszeit geschnitten und im Haus aufgestellt hat? Diesen Brauch gibt es schon lange und doch erscheinen die zarten Knospen, die zum Weihnachtsfest erblühen, jedes Mal aufs Neue wie ein kleines Wunder. Seit Generationen sind diese Blüten Vorboten des kommenden Jahres, die Hoffnung für die Zukunft machen.

4

Wie sich die Knospen des Barbarazweiges
bis Weihnachten öffnen, so soll sich auch der Mensch
dem kommenden Licht auftun.

Johann Georg Fischer

5

Nikolausbräuche

Besonders für die Kleinen ist der Nikolaustag ein großes Ereignis. Schon am Abend des 5. Dezembers steigt die Freude auf den Besuch des Nikolaus, wenn alle ihre Stiefel vor die Türe stellen dürfen. Während der heilige Nikolaus die lieben Kinder belohnt, hat Knecht Ruprecht seine Rute für die unartigen Kinder dabei. In Belgien und den Niederlanden ziehen Sinterklaas und sein Helfer Zwarte Piet in dieser Nacht von Haus zu Haus. Hier stellen die Kinder nicht nur ihre Stiefel bereit, sondern auch Karotten, etwas Wasser und Heu für das Pferd von Sinterklaas. Denn sie wissen, wie Generationen vor ihnen, dass auf die braven Kinder am nächsten Morgen ein prall gefüllter Stiefel wartet.

Lasst uns froh und munter sein,
und uns recht von Herzen freun!
Lustig, lustig, traleralera,
bald ist Nikolausabend da!

6

Im Winter, wenn es stürmt und schneit
und's Weihnachtsfest ist nicht mehr weit,
da kommt weit her aus dunklem Tann
der liebe, gute Weihnachtsmann.

Knecht Ruprecht wird er auch benannt,
ist allen Kindern wohlbekannt.
Er kommt mit einem großen Schlitten
grad aus des tiefen Waldes Mitten.

In seinem Sack sind gute Sachen,
die braven Kindern Freude machen.
Doch auch die Rute ist zur Hand
für Kinder, die als bös bekannt.

Das mag wohl früher so gewesen sein;
heut' gibt's nur brave Kinderlein.
Die sagen schnell ihr Sprüchlein auf,
Knecht Ruprecht macht den Sack dann auf.

Und Äpfel, Nüsse, Pfefferkuchen
darf gleich das liebe Kind versuchen.
Knecht Ruprecht aber fährt geschwind
davon zum nächsten art'gen Kind.

Ach, du lieber Nikolaus,
komm ganz schnell in unser Haus.
Hab so viel an dich gedacht!
Hast mir doch was mitgebracht?

Wenn der erste Schnee Häuser und Straßen bedeckt, wird es Zeit für ein einfaches, aber wirkungsvolles Rezept, das Körper und Seele wärmt.

Weihnachtstrinkschokolade

250 ml Milch, 2 El Kakao,
1 EL Honig, ½ TL Lebkuchengewürz oder Zimt

Die Milch in einem Topf erwärmen, den Kakao zusammen mit dem Honig einrühren, bis sich beides aufgelöst hat. Die Trinkschokolade in eine große Tasse füllen, das Lebkuchengewürz hinzugeben und nochmals umrühren. Ganz nach Geschmack kann man die heiße Schokolade nun noch mit etwas Schlagsahne oder Milchschaum krönen – und dann genießen!

O schöne, herrliche Weihnachtszeit!
Was bringst du Lust und Fröhlichkeit!

Heinrich Hoffmann von Fallersleben

Glücksgefühle

Weihnachten ist auch das Fest der Geschenke, auf die sich besonders die Kinder freuen. Jahr für Jahr fragen wir uns aufs Neue, womit wir unseren Lieben eine Freude machen können. Meist ist ein wenig Zeit das Wertvollste, was wir anderen geben können. Wir erinnern uns doch alle gerne an Abende oder Erlebnisse, die wir gemeinsam mit lieben Menschen verbracht haben. Solche Momente schenken immer wieder ein Glücksgefühl und ein Lächeln.

Weihnachten wäre nicht Weihnachten ohne Geschenke.

Louisa May Alcott

9

Von Osten strahlt ein Stern herein
mit wunderbarem hellem Schein,
es naht, es naht ein himmlisches Licht,
das sich in tausend Strahlen bricht!
Ihr Sternlein auf dem dunklen Blau,
die all ihr schmückt des Himmels Bau,
zieht euch zurück vor diesem Schein.
Ihr werdet alle winzig klein!
Verbergt euch, Sonnenlicht und Mond,
die ihr so stolz am Himmel thront!
Er naht, er naht sich von fern –
von Osten her – der Weihnachtsstern!

Franz von Pocci

9

Heller Stern in dunkler Nacht
hat neues Leben uns gebracht.

Anne Hamacher

10

Je kälter und dunkler die Tage werden, desto mehr freut man sich auf ein gemütliches Zuhause. Dann gibt es kaum etwas Schöneres als sich in eine Decke einzukuscheln und bei einer heißen Tasse Tee ein spannendes Buch zu lesen. Oder man nutzt die Zeit, um bei schöner Musik etwas Weihnachtliches zu basteln oder sogar schon die ersten Geschenke zu verpacken. So lässt sich die schönste Zeit des Jahres noch entspannter genießen.

10

Ob's draußen stürmt, ob's draußen schneit,
das soll mich nicht betrüben;
ist's doch die frohe Weihnachtszeit,
die alle Menschen lieben.

11

Der Zauber von Weihnachten zeigt sich nicht nur in Liedern, Geschenken und geschmückten Häusern. Auch abseits des geschäftigen Treibens können wir die besondere Stimmung spüren, die diese Zeit zu etwas Besonderem macht: Überall begegnen wir fröhlich gestimmten Menschen mit leuchtenden Augen. Sie freuen sich genauso wie wir auf Familie und Freunde und auf einige ruhige Tage fern des alltäglichen Trubels.

Weihnachten ist eine Brücke
zu den Herzen der Menschen.

Carol Ann Hierl

12

Lebkuchen-Rezept

Lebkuchen sind nicht nur eine köstliche Weihnachtsleckerei, sondern auch traditioneller Baumschmuck oder hübsche Geschenkanhänger, die Freude machen.

250 g Honig, 150 g Zucker,
150 g Butter oder Margarine,
600 g Mehl, 1 Päckchen Backpulver,
3 EL Lebkuchengewürz,
1 Prise Salz, 3 Eier, 1 EL Milch

Honig, Zucker und Butter in einem Topf langsam schmelzen und anschließend leicht abkühlen lassen. Mehl, Backpulver, Lebkuchengewürz und Salz vermengen, danach 2 Eier und die Butter-Honig-Mischung dazugeben. Nun alles zu einem glatten Teig kneten und diesen dann über Nacht ruhen lassen. Am nächsten Tag den Teig ausrollen und nach Belieben Formen ausstechen. Die Lebkuchen auf ein Blech mit Backpapier legen, jeweils ein Loch zum Aufhängen ausstechen und mit einer Mischung aus Ei und Milch bestreichen. Bei 180 Grad etwa 10-15 Minuten backen. Nach dem Abkühlen können die Lebkuchen dann nach Lust und Laune verziert werden.

Wie schön geschmückt
der festliche Raum!
Die Lichter funkeln
am Weihnachtsbaum!

Peter Cornelius

Luciafest

Der 13. Dezember ist in Schweden ein besonderer Tag. Einst hielt man ihn für den kürzesten Tag des Jahres, nach dessen Ende das Licht die Dunkelheit wieder verdrängt. Um dies zu feiern, ziehen alljährlich am Luciatag allerorts Lucienbräute durch die Städte und Dörfer. Sie tragen einen Kranz aus Preiselbeerzweigen mit Kerzen auf dem Kopf und eine rote Schärpe um die Taille. In Begleitung weißgekleideter Kinder kommen sie am Morgen in die Häuser, um die Menschen aufzuwecken und ihnen Pfefferkuchen und anderes Gebäck zu bringen. Mit ihren Liedern und dem Kerzenlicht stimmen sie auf die Weihnachtszeit ein.

13

Zündet Lichter an!
Selbst das kleinste Flämmchen
macht das Dunkel der Welt
um einen Schein heller.

Thomas Creighton

14

Ein Tännlein aus dem Walde,
und sei es noch so klein,
mit seinen grünen Zweigen
soll unsre Freude sein!
Es stand in Schnee und Eise
in klarer Winterluft;
nun bringt's in uns're Stuben
den frischen Waldesduft.
Wir wollen schön es schmücken
mit Stern und Flittergold,
mit Äpfeln und mit Nüssen
und Lichtlein wunderhold.
Und sinkt die Weihnacht nieder,
dann gibt es lichten Schein,
der leuchtet Alt und Jungen
ins Herz hinein.

Albert Sergel

14

Oh Tannenbaum, oh Tannenbaum,
dein Kleid will mich was lehren:
Die Hoffnung und Beständigkeit
gibt Trost und Kraft zu jeder Zeit.

15

Alle Jahre wieder hören wir von nah und fern altbekannte und vertraute Klänge ohne die Weihnachten doch nur halb so schön wäre. Beim Backen kommt uns „Morgen Kinder wird's was geben“ in den Sinn, beim Weihnachtseinkauf begleitet uns „Last Christmas“ und fast jeder hat einen Favoriten unter den Weihnachtsliedern, ob nun etwas Traditionelles, wie „Tochter Zion“, oder einen modernen Klassiker, wie „Driving Home for Christmas“. Spätestens wenn wir die erste Strophe von „Stille Nacht, heilige Nacht“ anstimmen, wissen wir, dass das Fest gekommen ist.

Fröhlich soll mein Herze springen
dieser Zeit, da vor Freud alle Engel singen.

Paul Gerhardt

16

Immer ein Lichtlein mehr
im Kranz, den wir gewunden,
dass er leuchte uns so sehr
durch die dunklen Stunden.

Zwei und drei und dann vier!
Rund um den Kranz welch' ein Schimmer,
und so leuchten auch wir,
und so leuchtet das Zimmer.

Und so leuchtet die Welt
langsam der Weihnacht entgegen.
Und der in Händen sie hält,
weiß um den Segen!

Matthias Claudius

Nun zündet an der Liebe Kerzen,
dass Weihnacht' wird in euren Herzen.

Christin Astra

17

In der Vorweihnachtszeit erfreut sich hierzulande nicht nur in Kindergärten und Schulen ein Brauch wachsender Beliebtheit – das Wichteln. Die Idee ist, einem anderen eine kleine Aufmerksamkeit zu schenken, ohne dass der Beschenkte weiß, von wem das Geschenk kommt. So bringt das Rätselraten um den „Wichtel" des Geschenks ebensoviel Freude wie das Geschenk selbst.

17

Die Erfüllung eines Lieblingswunsches,
sei der Wunsch selber, was er wolle,
berührt uns wie eine Weihnachtsfreude.

Theodor Fontane

18

Plätzchen, Mandarinen und Nüsse sind typische Leckereien der Adventszeit, mit denen man sich das Warten auf das Fest ganz wunderbar versüßen kann. Wie wäre es heute mit einem besonderen Genuss für Groß und Klein – knusprige Bratäpfel, verfeinert mit Marzipan und Mandeln?

100 g Marzipan-Rohmasse,
3 EL Mandeln, gehackt oder Stifte, 2 EL Rosinen,
4 säuerliche Äpfel, 4 EL Zitronensaft, 1/8 l Apfelsaft

Zunächst die Marzipan-Rohmasse würfeln und zusammen mit den Mandeln und Rosinen verkneten. Die Äpfel waschen und das Kerngehäuse herausschneiden. Die entstandenen Öffnungen mit der Marzipanmasse füllen und die Äpfel in eine gefettete Auflaufform setzen. Abschließend mit Zitronen- und Apfelsaft beträufeln und im vorgeheizten Backofen bei 180 Grad etwa 20-25 Minuten backen. Wenn die Schale der Äpfel leicht aufplatzt, ist dieser winterliche Gaumenschmaus fertig und kann nach Belieben mit etwas Schlagsahne oder Vanillesoße verfeinert werden.

Kinder, kommt und ratet,
was im Ofen bratet!
Hört, wie's knallt und zischt.
Bald wird er aufgetischt,
der Zipfel, der Zapfel,
der Kipfel, der Kapfel,
der gelbrote Apfel.

Emilie und Fritz Kögel

Nun sind es nur noch wenige Tage bis Weihnachten, und rund um den Erdball bereiten sich auch die Kinder auf den Heiligen Abend vor. Einige schreiben noch in Windeseile ihren Wunschzettel ans Christkind oder den Weihnachtsmann. In Nordamerika werden die ersten Socken bereits am Kamin aufgehängt und Kekse gebacken. Diese stehen dann am 24. zusammen mit einem Glas Milch für Santa Claus zur Stärkung bereit. Und in Norwegen wird vielleicht schon eine Schüssel Grütze oder Reisbrei zubereitet, die als kleine Bestechung für die Wichtel des Weihnachtsmannes dienen soll. Denn, so die Mär, wenn die Wichtel am Weihnachtsabend keine Grütze auf dem Fensterbrett finden, werden sie frech und ärgern die Menschen.

19

Freude ist keine Gabe des Geistes,
sie ist eine Gabe des Herzens.

Ludwig Börne

20

Vom Himmel in die tiefsten Klüfte
ein milder Stern herniederlacht.
Vom Tannenwalde steigen Düfte
und hauchen durch die Winterlüfte,
und kerzenhelle wird die Nacht.

Mir ist das Herz so froh erschrocken,
das ist die liebe Weihnachtszeit!
Ich höre fernher Kirchenglocken
mich lieblich heimatlich verlocken
in märchenstille Herrlichkeit.

Ein frommer Zauber hält mich wieder,
anbetend, staunend muss ich steh'n;
es sinkt auf meine Augenlider
ein goldner Kindertraum hernieder,
ich fühl's, ein Wunder ist gescheh'n.

Theodor Storm

Und mitten drin, o Seligkeit,
da strahlt der Weihnachtsschein!
Der Winter ist die schönste Zeit!
Was kann wohl schöner sein?

Heinrich Seidel

21

Wintersonnenwende

Auf der Nordhalbkugel ist heute der Tag der Wintersonnenwende. Der kürzeste Tag und die längste Nacht des Jahres stehen uns bevor. Weil mit dem Ende dieser Nacht die Tage wieder länger werden und die Dunkelheit allmählich dem Tageslicht weicht, wurde an diesem Tag bereits in der Antike ein Fest gefeiert. Einst galt die Sonnenwende als das Ende des alten und der Beginn eines neuen Jahres, ein Zeichen der Hoffnung und ein Neuanfang.

21
Die Welt ist voll
alltäglicher Wunder.
Martin Luther

22

Stille Nacht! Heilige Nacht!
Alles schläft; einsam wacht
nur das traute hoch heilige Paar.
Holder Knabe im lockigen Haar,
schlaf in himmlischer Ruh!
Schlaf in himmlischer Ruh!

Stille Nacht! Heilige Nacht!
Gottes Sohn! O wie lacht
lieb aus deinem göttlichen Mund,
da uns schlägt die rettende Stund,
Christ in deiner Geburt!
Christ in deiner Geburt!

Stille Nacht! Heilige Nacht!
Hirten erst kundgemacht
durch der Engel Halleluja.
Tönt es laut von Fern und Nah:
Christ, der Retter ist da!
Christ, der Retter ist da!

22

Wirklich Weihnachten ist dann,
wenn die Stille der Heiligen Nacht
auch in unser Herz gefunden hat.

Irmgard Erath

Die Bescherung

Für viele ist die Bescherung einer der Höhepunkte des Weihnachtsfestes. Während in unseren Breiten der große Moment der Abend des 24. Dezembers ist, packen die Kinder in Nordamerika ihre gefüllten Strümpfe am Morgen des 25. aus. In weiten Teilen Russlands beschenkt Väterchen Frost die Menschen erst am 31. Dezember. Am längsten müssen die Kinder in Spanien und einigen anderen Ländern warten: ihre Geschenke bringen die drei Könige erst am 6. Januar, so wie sie einst Gold, Myrrhe und Weihrauch brachten.

Morgen, Kinder, wird's was geben,
morgen werden wir uns freun …

Martin Friedrich Philipp Bartsch

24

Die Weihnachtsgeschichte

Und es waren Hirten in derselben Gegend auf dem Felde, die hüteten des Nachts ihre Herde. Und der Engel des Herrn trat zu ihnen, und die Klarheit des Herrn leuchtete um sie; und sie fürchteten sich sehr. Und der Engel sprach zu ihnen: Fürchtet euch nicht! Siehe, ich verkündige euch große Freude, die allem Volk widerfahren wird; denn euch ist heute der Heiland geboren, welcher ist Christus, der Herr, in der Stadt Davids. Und das habt zum Zeichen: ihr werdet finden das Kind in Windeln gewickelt und in einer Krippe liegend. Und alsbald war da bei dem Engel die Menge der himmlischen Heerscharen, die lobten Gott und sprachen: Ehre sei Gott in der Höhe und Friede auf Erden und den Menschen ein Wohlgefallen.

Lukasevangelium

Frohe Weihnachten
24
Kommet ihr Hirten, ihr Männer und Frau'n!
Kommet, das liebliche Kindlein zu schau'n!

24 Adventsüberraschungen

Bildnachweis:
Titel: picture-alliance / dpa / StockFood; S. 1, 2, 4-8, 11-20, 22, 23, 25-28, 31-34, 37-44, 46, 47: David Freund / iStockphoto; S. 2, 3, 5-11, 13, 15-17, 19-25, 27, 29-31, 33-39, 41-43, 45-49: Brendon De Suza / iStockphoto; S. 2, 20: Cole Vineyard / iStockphoto; S. 2, 6, 14, 16, 20, 26, 38, 46: Cheryl Graham / iStockphoto; S. 3: Hans Groh; S. 3, 9, 29, 35, 45: Mauritius / Ulrich Kerth; S. 5: Tiofoto / F1 Online; S. 5, 11, 17, 23, 41: Edyta Linek / iStockphoto; S. 7, 37, 47: Lisa Thornberg / iStockphoto; S. 7: Mauritius / Flora Press; S. 8, 22, 34, 48: Roberta Casaliggi / iStockphoto; S. 9: Strauß, F. / StockFood; S. 10: jamesbenet / iStockphoto; S. 11, 33, 41: picture alliance / Flora Press; S. 13: Jaume Gual / AGE / F1 Online; S. 13, 25, 39: Eileen Hart / iStockphoto; S. 15: David Loftus Limited / StockFood; S. 15, 33, 43: Malcolm Romain / iStockphoto; S. 16, 42, 46: Mike Bentley / iStockphoto; S. 17: Duisterhof, Miki / Stock-Food; S. 19: A. Kompatscher / F1 Online; S. 19, 27, 31: Dane Wirtzfeld / iStockphoto; S. 21: Mauritius / Alaska Stock; S. 23: FoodPhotography Eising / StockFood; S. 25: Ben Fink / Jupiterimages; S. 27: picture-alliance / Chad Ehlers; S. 29: Peter Christopher / Masterfile; S. 30: Nikolai Okhitin / iStockphoto; S. 31: Masterfile; S. 32: Alex Bramwell / iStockphoto; S. 33: IFA / Jon Arnold Images; S. 35: John Block / Jupiterimages; S. 37: Cimbal, Walter / StockFood; S. 39, 47: Johnér / F1 Online; S. 41: Tara Sgroi / Jupiterimages; S. 42: Nick Schlax / iStock-photo; S. 43: Mauritius / Botanica; S. 45: Mauritius / Josef Beck; S. 49: Mlenny / iStockphoto, Peter Holmes / AGE / F1 Online.

Textnachweis:
Wir danken allen Autoren und deren Erben, die uns freundlicherweise die Erlaubnis für den Abdruck von Texten erteilt haben.

ISBN 978-3-89008-845-7

www.groh.de

Ein Lächeln schenken

Geschenke sollen ein Lächeln auf Gesichter zaubern und die Welt für einen Moment zum Stehen bringen. Für diesen Augenblick entwickeln wir mit viel Liebe immer neue GROH-Geschenke, die berühren.

In ihrer großen Themenvielfalt und der besonderen Verbindung von Sprache und Bild bewahren sie etwas sehr Persönliches.

Den Menschen Freude zu bereiten und ein Lächeln zu schenken, das ist unser Ziel seit 1928.

Ihr

Joachim Groh

GROH